VIVIANE VERLINDO

O MÉTODO REVOLUCIONÁRIO PARA SUPERAR TRAUMAS E ATINGIR O SUCESSO

MENTE IMBATÍVEL

"A mente humana é uma das coisas mais poderosas do universo."

Viviane Verlindo

Método
Empondera

Prefácio

As pessoas estão sempre procurando uma maneira rápida e fácil de transformar suas vidas.

Algumas pessoas não acreditam que seja possível, ou estão convencidas de que levará muito tempo para fazer.

Bem, estou aqui para lhe dizer que não é difícil de fazer e você pode fazer isso rapidamente.

Venho ensinando isso há muitos anos e muitas pessoas seguem meu trabalho e concluem meus programas com sucesso extraordinário.

Se você dominar o que ensino neste livro, aprenderá como criar uma mudança massiva em qualquer área de sua vida que não esteja funcionando. Eu sou a prova viva!

Na verdade, EXISTE uma maneira fácil de fazer isso.

Prepare-se! Sua vida está prestes a mudar.

MENTE IMBATÍVEL

www.metodoempondera.com.br

Método Empondera

Sobre o Autor

Viviane Verlindo da Silva Alves, autora de "Mente Imbatível".

Nasceu na Cidade de Bento Gonçalves, em 1985. Abandonada pelos pais, foi criada até os 12 anos pela sua avó paterna, uma pessoa que valorizava sua honra, no entanto, era muito rígida e agressiva, que até por um simples xixi na cama a colocou para fora de casa, obrigando-a a viver pelas ruas. Desde então, sem lar, lutou contra a pobreza, a solidão e por uma família.

Ao longo de sua infância, enfrentou preconceitos, exploração infantil, estupros e racismo.

No ano 2000 já na adolescência viveu um casamento precoce e em busca de construir sua própria família se tornou mãe aos 15 anos.

Método Empondera

De 2005 a 2009, Viviane passou pelas maiores turbulências em sua vida, sendo privada de tocar e ver seus filhos, tentou por diversas vezes cometer suicídios.

Enfrentou a depressão, a Síndrome do pânico, a dor e o vazio de ser espancada, sozinha e largada pelas ruas novamente tentando sobreviver. Até que em 2009 recuperou a guarda de seus filhos.

Foram longos anos de muita luta pela sobrevivência diante de traições, agressões físicas, psicológicas e até cárcere privado.

Após tantos tratamentos e diversos picos de depressão, nada resolvia sua dor, existia um vazio a ser preenchido, Viviane precisava se sentir amada, então casou-se novamente em 2013.

Método Empondera

Em um novo relacionamento, agora com apoio incondicional, buscou conhecer mais sobre a mente humana, aprender lidar com seus medos, inseguranças, a lidar com os traumas que sofria por seus pais nunca terem cuidado dela, sempre se pondo em auto vitimização por onde passava, e suas palavras eram de amargura,rancor, desprezos e dor.

Estudou PNL, COACHING, Hipnoterapias e diante de toda essa informação passou a se auto conhecer, ela encontrou a chave para a libertação do perdão e do amor por si mesma e criou o "**MÉTODO EMPONDERA.**"

Hoje, Viviane é muito bem casada, mãe de 4 filhos, avó, formada em diversas áreas de atuação como Administração, Coaching e Hipnoterapia. Tornou-se palestrante e ensina mulheres a dominarem suas mentes e suas vidas para viverem sem traumas, elevando a autoestima através do seu Método Empondera.

Método Empondera

SUMÁRIO

Método Empondera

Método Empondera

INTRODUÇÃO

A mente humana é uma das coisas mais poderosas do universo.

Ela é responsável por nossa capacidade de pensar, sentir, perceber e tomar decisões. Também é capaz de criar, imaginar, resolver problemas, aprender e muito mais.

A mente é um fenômeno extraordinário e poderoso, capaz de processar informações em uma velocidade incrível.

Uma das coisas mais fascinantes sobre a mente humana é sua capacidade de mudar e se adaptar. Essa habilidade é conhecida como plasticidade cerebral e permite que o cérebro mude sua estrutura e função em resposta a experiências e aprendizado.

Isso significa que podemos treinar e desenvolver nossa mente para se tornar mais eficiente, criativa e resiliente.

Outra característica surpreendente da mente humana é sua capacidade de criar realidade por meio da imaginação e da visualização.

Através da imaginação e da visualização criativa, podemos criar novas possibilidades e realidades em nossa mente, o que pode levar à manifestação dessas coisas em nossa vida.

No entanto, a mente humana também pode ser vulnerável a desafios e doenças mentais, como ansiedade, depressão, estresse e outros problemas.

É importante cuidar da saúde mental e procurar ajuda profissional, se necessário.

Quando nossa mente está doente é capaz de afetar a saúde física e emocional, a tomada de decisões, as relações interpessoais, e até mesmo a realização de objetivos.

Entender seu funcionamento pode nos ajudar a alcançar nosso pleno potencial e melhorar nossa qualidade de vida.

Neste livro, vamos explorar o poder da mente humana e como você pode usar esse poder para melhorar sua vida.

Vamos discutir as capacidades da mente, o papel dos pensamentos na sua vida e como você pode treiná-la para obter resultados positivos assim como eu obtive.

Seja muito bem vindo (a)! a este maravilhoso mundo que é a nossa mente humana.

Capítulo 1

A Mente e o Corpo

Você já parou para pensar que os nossos sentimentos diários estão diretamente ligados à saúde?

Comprovadamente, o estado emocional pode influenciar e afetar a nossa alimentação, a disposição e o bom funcionamento do corpo. Ou seja: somos reflexos daquilo que sentimos e, por isso, no otimismo vive a causa natural das mais diversas curas!

Não é só a nossa saúde mental que sofre quando o estado emocional está abalado. Essas consequências se estendem ao nosso bem-estar físico, podendo afetar áreas específicas do corpo.

Uma situação estressante ou um momento de felicidade podem dizer muito sobre o que acontece internamente no seu organismo.

Método Empondera

Diversas pesquisas e estudos científicos mostram que o positivismo, por exemplo, melhora nosso sistema imunológico e cardíaco.

É a célebre frase: "Mente sã, corpo são!" Buscar o equilíbrio entre o corpo e a mente é uma escolha para viver com qualidade. "O corpo sempre dá sinais de que alguma coisa não está legal e é a hora de pensar em novas atividades que deem prazer e façam bem de dentro para fora. O equilíbrio entre corpo e mente é fundamental para atingir os objetivos e estar com a saúde em dia."

A mente e o corpo estão interligados, e ambos têm um impacto significativo um no outro. Quando você cuida bem do seu corpo, você também está cuidando da sua mente.

Alimentação saudável, exercícios regulares e sono adequado podem melhorar sua saúde mental e emocional.

Método Empondera

Por outro lado, o estresse e a ansiedade podem ter um efeito negativo no seu corpo, causando problemas físicos como dores de cabeça, dores musculares e fadiga.

O equilíbrio entre o corpo e a mente é fundamental para uma vida saudável e feliz. Quando você cuida bem do seu corpo, está fornecendo nutrientes e energia para que sua mente possa funcionar da melhor forma possível.

E quando sua mente está saudável e equilibrada, você é capaz de enfrentar melhor os desafios da vida e ter uma perspectiva mais positiva sobre si mesmo e o mundo ao seu redor.

Encontrar o equilíbrio entre o corpo e a mente é essencial para uma vida saudável e feliz. O equilíbrio pode ser alcançado através de hábitos saudáveis que cuidam tanto do corpo quanto da mente.

Método Empondera

Aqui estão algumas práticas que podem ajudar a encontrar esse equilíbrio:

- Exercício físico regular: o exercício físico regular não apenas beneficia o corpo, mas também a mente. Ele ajuda a liberar endorfinas, que são substâncias químicas que promovem sentimentos de felicidade e bem-estar. Além disso, a atividade física pode ajudar a reduzir o estresse e a ansiedade.
- Alimentação saudável: uma dieta equilibrada pode fornecer os nutrientes necessários para manter a saúde física e mental. Uma alimentação saudável também pode ajudar a manter um peso saudável e a prevenir doenças.
- Sono adequado: o sono adequado é essencial para a saúde física e mental. A falta de sono pode levar a problemas de saúde, como doenças cardíacas e diabetes, além de afetar o humor e a capacidade cognitiva.

Método Empondera

- Práticas de meditação e relaxamento: como a yoga, podem ajudar a reduzir o estresse e a ansiedade, promovendo a saúde mental e física. Essas práticas também podem melhorar a qualidade do sono e ajudar a aliviar a dor crônica.
- Hobbies e atividades de lazer: reservar tempo para atividades de lazer e hobbies pode ajudar a reduzir o estresse e promover a felicidade. Essas atividades podem incluir leitura, música, arte ou qualquer outra coisa que traga alegria e relaxamento.

Encontrar o equilíbrio entre o corpo e a mente é um processo contínuo que requer esforço e dedicação. É importante lembrar que pequenas mudanças diárias podem fazer uma grande diferença na saúde física e mental a longo prazo, por esta razão é muito importante conhecer-se a si mesmo.

Como Conhecer a Si Mesmo

1. Conhecer a si mesmo é um processo contínuo de auto exploração e autoconsciência. Aqui estão algumas sugestões para começar:
2. Reflita sobre suas crenças e valores: Pense sobre o que é importante para você e o que você valoriza na vida. Isso pode ajudá-lo a entender melhor suas escolhas e comportamentos.
3. Autoanálise: Dedique algum tempo para refletir sobre seus pensamentos, sentimentos e ações. Você pode escrever um diário, meditar ou simplesmente passar um tempo quieto e pensar sobre sua vida.
4. Auto-observação: Observe como você reage a diferentes situações e interações com os outros. Isso pode ajudá-lo a entender melhor suas emoções e comportamentos.

Método Empondera

É importante estar aberto a aprender sobre si mesmo e estar disposto a enfrentar e lidar com emoções desconfortáveis e desafios internos.

1. Busque feedback: Peça a amigos e familiares honestos e confiáveis para fornecer feedback construtivo sobre suas características e comportamentos. Isso pode ajudá-lo a ver como os outros o percebem.

2. Busque ajuda profissional: Se você estiver lutando para entender a si mesmo, considere procurar a ajuda de um terapeuta ou conselheiro. Eles podem ajudá-lo a explorar seus pensamentos e sentimentos em um ambiente seguro e confidencial.

Com certeza, entender suas emoções e motivações é um processo complexo e contínuo. Leva tempo, paciência e dedicação para se conhecer melhor e entender as raízes de suas emoções e comportamentos.

Método Empondera

O processo pode envolver a busca de ajuda profissional, como terapia ou aconselhamento, ou pode ser alcançado por meio de práticas como meditação, reflexão e autoquestionamento. O importante é estar comprometido em explorar a si mesmo e cultivar a autoconsciência.

Lembre-se de que conhecer a si mesmo é um processo contínuo e pode levar tempo. Esteja aberto para aprender mais sobre si mesmo e disposto a fazer as mudanças necessárias para se tornar a pessoa que você deseja ser.

Por isso, é importante lembrar que cuidar da sua saúde mental e emocional é tão importante quanto cuidar do seu corpo físico. Além de uma alimentação saudável, exercícios regulares e sono adequado, é importante praticar atividades que ajudem a reduzir o estresse e a ansiedade, como meditação, yoga, caminhadas ao ar livre, hobbies criativos, entre outras.

Método Empondera

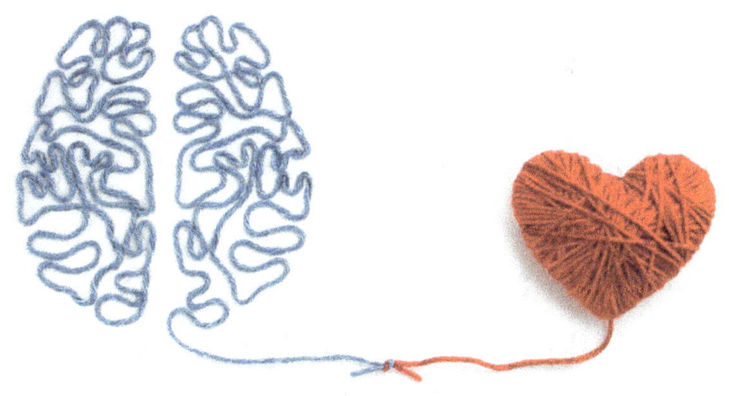

E caso você esteja enfrentando problemas emocionais ou de saúde mental, não hesite em procurar ajuda profissional, como um psicólogo ou psiquiatra, para receber o tratamento adequado e se sentir melhor.

A mente humana é capaz de muitas coisas incríveis. Ela é capaz de aprender e armazenar informações, criar novas ideias e soluções, tomar decisões, resolver problemas e se adaptar a novas situações. A mente também é responsável por nossas emoções, nossas crenças e nossa perspectiva de mundo.

Capítulo 2

O poder do pensamento positivo

O pensamento positivo é uma ferramenta poderosa que pode mudar sua perspectiva e ajudá-lo a alcançar seus objetivos.

Quando você pensa positivamente, você está abrindo sua mente para novas possibilidades e oportunidades. Você se torna mais motivado, confiante e resiliente. Pensar positivamente também ajuda a reduzir o estresse e a ansiedade, o que pode levar a uma melhor saúde mental.

Método Empondera

Até mesmo sem termos a intenção, o pensamento positivo nos ajuda a desenvolver novas competências, pois, quanto mais buscamos a satisfação, mais propensos estaremos às novas opções, oportunidades e experiências.

Sendo assim, aumentam as chances de aprendermos coisas novas e adquirirmos novas habilidades que podem auxiliar em todas as áreas da vida.

No entanto, nem sempre é fácil manter uma mentalidade positiva, especialmente quando enfrentamos desafios e obstáculos em nossas vidas. Às vezes, é natural se sentir sobrecarregado, negativo e pessimista.

É importante lembrar que todos nós passamos por momentos difíceis e que a negatividade é uma parte normal da experiência humana.

Método Empondera

Quando você pensa positivamente, está se concentrando em coisas boas em vez de coisas negativas. Em vez de se preocupar com o que pode dar errado, você está se concentrando no que pode dar certo.

Pensar positivamente envolve acreditar em si mesmo, em seus sonhos e em suas capacidades. Você está aberto a novas possibilidades e oportunidades, e é mais propenso a encontrar soluções criativas para os problemas.

Método Empondera

Pensar positivamente também pode ajudar a melhorar sua saúde mental e emocional. Quando você se concentra em coisas positivas, é menos provável que se sinta estressado ou ansioso.

Você pode sentir-se mais feliz e confiante, o que pode levar a melhores relacionamentos e uma maior sensação de realização na vida.

No entanto, é importante lembrar que pensar positivamente não significa ignorar problemas ou desafios. Em vez disso, significa abordá-los com uma atitude positiva e buscar soluções construtivas.

É importante encontrar um equilíbrio entre o pensamento positivo e realista para enfrentar os desafios da vida de forma eficaz. Mas, ao mesmo tempo, é essencial lembrar que podemos escolher nossa perspectiva e nossos pensamentos.

Método Empondera

Podemos optar por ver os desafios como oportunidades de crescimento e aprendizado. Podemos escolher focar nas coisas boas em nossa vida e nas nossas qualidades positivas. E podemos optar por adotar uma atitude de gratidão e apreciação.

Vários estudos estão confirmando os benefícios reais que pensar positivamente pode trazer à nossa vida, como por exemplo, controle da pressão sanguínea, níveis saudáveis de açúcar no sangue, maior controle do peso e até ajuda na batalha contra a depressão.

Você deve estar pensando que uma autora de livros de autoajuda provavelmente tem uma propensão maior em ver o lado bom da vida.

Mas e quanto a nós, meros mortais, como pensar positivo quando o universo parece conspirar para que andemos com uma nuvem negra sob a cabeça?

Método Empondera

Aqui estão algumas dicas para ajudá-lo a cultivar uma mentalidade positiva:

- Pratique a gratidão: Focar no que você tem em vez do que você não tem pode ajudar a mudar sua perspectiva e melhorar seu humor. Tire alguns minutos todos os dias para refletir sobre o que você é grato. Isso pode ser qualquer coisa, desde a sua saúde até um sorriso amigável que alguém lhe deu na rua.
- Identifique seus pensamentos negativos: É difícil mudar uma mentalidade negativa se você não sabe o que está pensando. Tente prestar atenção aos seus pensamentos e identificar quando eles são negativos ou pessimistas. Em seguida, tente mudar para um pensamento positivo ou uma perspectiva diferente.
- Pratique a meditação: A meditação pode ajudar a acalmar a mente e reduzir a ansiedade e o estresse.

Método Empondera

- Tente reservar alguns minutos todos os dias para sentar-se em silêncio e se concentrar em sua respiração. Se a meditação não é sua praia, tente outras técnicas de relaxamento, como yoga ou respiração profunda.
- Cerque-se de positividade: Pense nas coisas que te fazem feliz e que te energizam. Cerque-se de pessoas e atividades que são positivas e inspiradoras. Isso pode ser qualquer coisa, desde sair com amigos até praticar um hobby que você ama.
- Pratique afirmações positivas: Afirmações positivas são declarações que você repete a si mesmo para ajudar a criar uma mentalidade positiva. Eles podem ser qualquer coisa, desde "eu sou forte e capaz" até "eu sou grato por todas as coisas boas na minha vida". Repita essas afirmações regularmente para ajudar a internalizar uma mentalidade positiva.

Método Empondera

As reações criadas pelo pensamento positivo geram determinadas construções químicas no cérebro, como liberação de hormônios e manipulação de neurotransmissores. Essas construções produzirão efeitos fisiológicos, ligados ao sistema endócrino, influenciando na qualidade de vida.

É por isso que encaramos o pensamento positivo como algo poderoso.

Quando usado corretamente, sem exageros, a dinâmica mental pode nos levar a um lugar de esperança e otimismo.

Método Empondera

O pensamento positivo pode ser uma ferramenta poderosa para melhorar sua perspectiva, sua saúde mental e sua capacidade de alcançar seus objetivos.

Praticar a gratidão, identificar pensamentos negativos, praticar a meditação, cercar-se de positividade e praticar afirmações positivas são todas maneiras de cultivar uma mentalidade positiva.

Lembre-se de que mudar seus padrões de pensamento pode levar tempo e esforço, mas é possível com prática e perseverança.

As reações criadas pelo pensamento positivo geram determinadas construções químicas no cérebro, como liberação de hormônios e manipulação de neurotransmissores. Essas construções produzirão efeitos fisiológicos, ligados ao sistema endócrino, influenciando na qualidade de vida.

Método Empondera

Capítulo 3

A visualização criativa

"O que você quer alcançar não existirá em sua vida se não existir em sua mente."

Alcançar o que queremos não é fácil, é preciso mais do que desejo e boa intenção. No entanto, o nosso pensamento pode ser um grande aliado para iniciarmos a jornada até os nossos sonhos se soubermos usá-lo corretamente.

A técnica da visualização criativa pode nos ajudar.

Método Empondera

Agora, esta técnica não fará com que tudo aconteça como num passe de mágica. É necessário aplicá-la em conjunto com outros elementos, como esforço, paixão, perseverança e vontade.

Acima de tudo, é muito importante acreditar nas possibilidades criadas.

A visualização criativa é uma técnica que envolve imaginar um resultado desejado e se concentrar nisso com clareza e intensidade. Acredita-se que essa técnica pode ajudar a manifestar o que você quer em sua vida.

Ao visualizar o que você deseja, você está enviando uma mensagem para sua mente subconsciente, que começa a trabalhar para tornar essa visualização realidade.

A visualização criativa é frequentemente usada por atletas e artistas para melhorar seu desempenho e habilidades

Método Empondera

Além dos atletas e artistas, a visualização criativa também pode ser usada por qualquer pessoa que queira alcançar seus objetivos e sonhos. Para começar, encontre um local tranquilo e confortável onde você possa se concentrar.

Feche os olhos e imagine em sua mente o que você deseja. Visualize os detalhes, como a cor, a textura, o som, o cheiro e o sabor. Tente imaginar como você se sentiria se já tivesse alcançado esse objetivo.

Por exemplo, se você deseja um novo emprego, imagine-se fazendo a entrevista com confiança, recebendo a oferta de emprego e trabalhando no novo escritório.

Se você quer perder peso, imagine-se com o corpo que deseja, sentindo-se saudável e confiante. O importante é que você se sinta bem e positivo em relação à sua visualização.

Método Empondera

Lembre-se de que a visualização criativa não é uma varinha mágica que pode mudar instantaneamente sua vida. É uma técnica que deve ser praticada regularmente, com paciência e perseverança.

Se você praticar a visualização criativa todos os dias, começará a notar mudanças positivas em sua vida. Além disso, é importante trabalhar duro e tomar medidas concretas para alcançar seus objetivos. A visualização criativa é uma ferramenta poderosa, mas não pode substituir o trabalho árduo e a determinação.

A visualização criativa é uma técnica que pode ser aplicada em diversas áreas da vida, desde alcançar objetivos pessoais até aprimorar habilidades profissionais.

Alguns benefícios da visualização criativa incluem:

1. Redução do estresse e da ansiedade: ao visualizar um cenário positivo, você pode reduzir a ansiedade e o estresse associados a situações desafiadoras.
2. Melhora na autoconfiança e autoestima: ao visualizar a si mesmo em situações positivas, você pode fortalecer sua confiança e autoestima.
3. Aumento do desempenho em atividades: a visualização criativa pode ajudar a melhorar o desempenho em atividades como esportes, música, artes e negócios.
4. Foco e clareza: a visualização criativa ajuda a focar a mente em um objetivo específico, aumentando a clareza e direcionamento para alcançá-lo.

Método Empondera

A Visualização Criativa quando bem feita proporcionará ao cérebro uma experiência extremamente real, gerando assim, sentimentos de bem estar, prosperidade, abundância... e estes sentimentos atrairão mais disto para a sua realidade.

Para praticar a visualização criativa, é importante ter uma imagem clara e nítida do que se deseja alcançar. Também é importante estar em um ambiente calmo e tranquilo, livre de distrações.

Algumas pessoas preferem praticar a visualização criativa enquanto meditam ou antes de dormir. Ela pode ser usada para lidar com o estresse, superar fobias, melhorar a autoestima, entre outros.

Você deseja atrair riquezas? Sinta-se próspero. Imagine-se como um verdadeiro imã de abundância. Emane ao Universo vibrações positivas.

Método Empondera

Ao praticar a visualização criativa, é importante não apenas visualizar a si mesmo alcançando o objetivo, mas também sentir as emoções positivas associadas a isso.

Por exemplo, se você está visualizando uma promoção no trabalho, imagine como se sentiria ao receber a notícia e como isso afetaria positivamente sua vida.

Lembre-se de que a visualização criativa é uma técnica poderosa, mas que deve ser combinada com ação concreta para alcançar resultados. Pratique com frequência e seja paciente com o processo.

Quando nos referimos à visualização criativa, falamos de uma técnica cognitiva que usa a imaginação para criar imagens mentais nas quais projetamos as metas que queremos alcançar e, assim, geramos mudanças positivas em nossas vidas.

Método Empondera

Aqui estão algumas dicas sobre como praticar a visualização criativa:

- Escolha um objetivo ou resultado específico que você deseja alcançar e defina-o claramente. Pode ser qualquer coisa, desde uma promoção no trabalho até um relacionamento saudável.
- Encontre um lugar tranquilo e livre de distrações, onde você possa se concentrar na visualização.
- Feche os olhos e comece a visualizar o resultado desejado com o máximo de detalhes possível. Imagine como seria ver, ouvir, sentir e cheirar o que deseja.
- Use todos os seus sentidos para tornar a visualização mais realista. Por exemplo, se você está visualizando uma nova casa, imagine como seria andar pelos quartos e sentir o cheiro da decoração.
- Tente sentir as emoções que você teria ao alcançar o resultado desejado. Sinta-se grato e feliz por ter alcançado o que deseja.

Método Empondera

- Mantenha a visualização por pelo menos alguns minutos. Quanto mais tempo você mantiver a visualização, mais forte será o impacto em sua mente subconsciente.
- Repita a visualização regularmente, pelo menos uma vez por dia. Quanto mais você visualizar, mais fácil será para sua mente subconsciente trabalhar em direção à realização do objetivo.

Esta técnica combina o poder de visualização, isto é, de ver o que desejamos que aconteça ou alcançar a criatividade, a capacidade de inventar e de ultrapassar os limites.

Lembre-se de que a visualização criativa é uma técnica poderosa, mas pode levar tempo e prática para dominar. Com perseverança e consistência, você pode usar essa técnica para alcançar seus objetivos e melhorar sua vida.

Método Empondera

Capítulo 4

O poder da meditação

A meditação é uma prática antiga que tem sido usada por séculos para acalmar a mente, reduzir o estresse e aumentar a clareza mental. Durante a meditação, você se concentra em um objeto, pensamento ou palavra específica, e tenta manter sua mente livre de distrações.

A meditação pode ajudar a melhorar a concentração, a criatividade, a empatia e a autoconsciência. Também pode ajudar a reduzir a pressão arterial, o estresse e a ansiedade.

Entende-se pelo ato de meditar, a manutenção do foco de atenção no momento presente e desvinculação de distrações e pensamentos.

A respiração é, frequentemente, utilizada como uma ferramenta meditativa.

Desta forma, quanto mais focada a mente, menos perturbações e desequilíbrios afetarão o indivíduo, o que possibilita o desenvolvimento de um estado emocional e mental mais equilibrado, por meio da diminuição do sofrimento psicológico e potencialização de aspectos positivos.

A meditação pode ser uma ótima ferramenta para cultivar a paz interior, a calma mental e a conexão com o momento presente. Quando praticada regularmente, ela pode ajudar a melhorar a saúde mental, reduzindo a ansiedade, a depressão e o estresse.

Método Empondera

Além disso, a meditação também pode ajudar a melhorar a qualidade do sono, aumentar a sensação de bem-estar e melhorar a capacidade de concentração e foco.

Uma das principais razões pelas quais a meditação é tão eficaz é porque ela ajuda a acalmar o sistema nervoso, reduzindo a produção de cortisol, o hormônio do estresse.

Ao fazer isso, a meditação pode ajudar a melhorar a regulação emocional, tornando mais fácil lidar com situações estressantes e desafiadoras.

Outro benefício da meditação é que ela pode ajudar a aumentar a empatia e a compaixão. Ao aprender a se conectar consigo mesmo e com o momento presente, você pode começar a desenvolver uma maior compreensão e empatia pelos outros, o que pode ajudar a melhorar os relacionamentos interpessoais.

Método Empondera

Existem muitos tipos diferentes de meditação, incluindo a meditação da atenção plena, a meditação transcendental e a meditação guiada.

Aqui estão algumas dicas para começar a meditar:

- Escolha um lugar tranquilo e livre de distrações para meditar. Certifique-se de que você possa se sentar confortavelmente por um período prolongado de tempo.
- Escolha um horário regular para meditar, de preferência no início da manhã ou no final da tarde.
- Comece com sessões curtas de meditação, de 5 a 10 minutos, e aumente gradualmente o tempo à medida que se sentir mais confortável.
- Escolha uma técnica de meditação que funcione melhor para você. Existem muitos recursos disponíveis on-line para ajudá-lo a escolher a técnica certa.

Método Empondera

- Comece com uma meditação guiada se você é novo na prática. Isso pode ajudá-lo a manter o foco e a entender melhor como meditar.
- Concentre-se em sua respiração enquanto medita. Inspire e expire profundamente e tente manter sua atenção na sensação da respiração.
- Esteja aberto para a prática de meditação e não se preocupe se a sua mente vagar. Quando você perceber que sua mente está divagando, simplesmente volte a se concentrar em sua respiração.

A meditação pode ser uma prática poderosa para melhorar a sua saúde mental e emocional. Com consistência e prática regular, você pode aprender a acalmar sua mente, reduzir o estresse e melhorar sua qualidade de vida.

A meditação é uma ferramenta poderosa que pode ajudar a melhorar a saúde mental.

Método Empondera

Capítulo 5

O Poder da Mente Subconsciente

Você se lembra de como foi quando tentou andar de bicicleta pela primeira vez?

Ou então quando pegou pela primeira vez o violão, que agora já sabe tocar com facilidade?

As primeiras vezes que tentamos fazer algo são sempre difíceis. Afinal, são novas habilidades, que você ainda não tem maestria.

Método Empondera

Mas, conforme você vai aprendendo e praticando, essas novas experiências vão exigindo cada vez menos consciência, até que começam a fluir natural e automaticamente.

Esses movimentos automáticos são guiados por uma das forças internas mais poderosas que impulsionam o comportamento humano: a mente subconsciente.

É muito comum escutar sobre as "ações subconscientes" que fazemos. Quando você sem querer falar o nome errado na hora de conversar com alguém, ou quando se autossabota em situações que precisava de confiança e autoestima.

A mente subconsciente é uma parte da sua mente que opera abaixo do nível da consciência. Ele controla muitas funções automáticas do seu corpo, como respiração, batimentos cardíacos e digestão.

Método Empondera

Acredita-se que a mente subconsciente também desempenha um papel importante em nossa vida diária, influenciando nossas emoções, pensamentos e comportamentos.

É na mente subconsciente que estão os seus sentimentos, emoções, lembranças e traumas. É como se fosse o seu "verdadeiro eu", ou a sua essência.

A mente subconsciente pode ser programada através da repetição de afirmações positivas, visualizações criativas e outras técnicas.

Além disso, a mente subconsciente é responsável por armazenar informações que muitas vezes não temos consciência, como memórias reprimidas e crenças limitantes.

Essas informações podem influenciar nossas decisões e comportamentos sem que percebamos.

Método Empondera

Por isso, é importante trabalhar para identificar e transformar essas crenças limitantes em pensamentos positivos e construtivos.

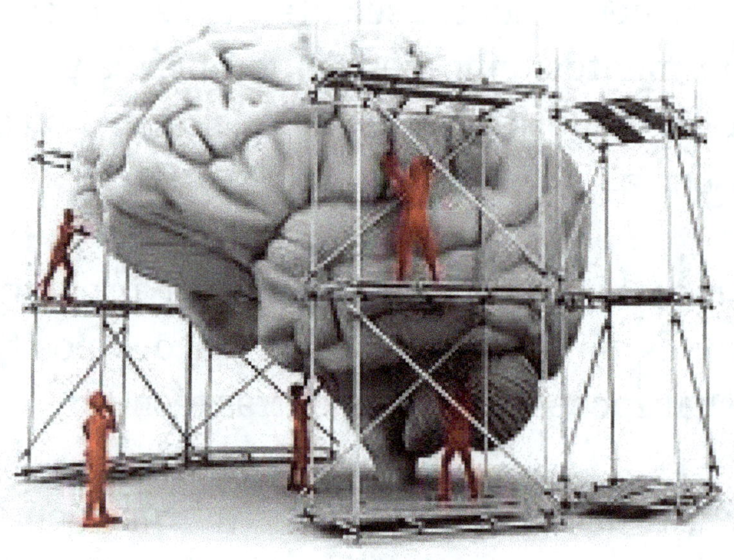

Uma das formas de acessar a mente subconsciente é através da hipnose, uma técnica em que um hipnoterapeuta induz um estado de transe para acessar a mente subconsciente do paciente e ajudá-lo a mudar pensamentos e comportamentos indesejados.

No entanto, você também pode aprender a programar sua própria mente subconsciente através da prática regular de técnicas como afirmações positivas, visualizações criativas e meditação.

Essas práticas podem ajudá-lo a reprogramar sua mente subconsciente para que ela trabalhe a seu favor, ajudando-o a alcançar seus objetivos e viver uma vida mais positiva e feliz.

Sim, é possível aprender a programar sua própria mente. A mente é altamente plástica e pode ser moldada através da repetição de pensamentos e comportamentos.

A programação da mente envolve a introdução de novos padrões de pensamento e comportamento que são consistentes com seus objetivos e desejos, removendo crenças e substituido-as por práticas positivas.

Método Empondera

Algumas técnicas para programar sua própria mente incluem:

1. Repetição de afirmações positivas: escolha frases positivas que se alinham com seus objetivos e repita-as para si mesmo regularmente, de preferência ao acordar e antes de dormir.
2. Visualização criativa: imagine-se alcançando seus objetivos e visualize esse cenário com detalhes vívidos.
3. Meditação: pratique a meditação para acalmar sua mente e reduzir a negatividade, o que pode ajudá-lo a se concentrar em seus objetivos com mais clareza.
4. Mudança de comportamento: tome medidas concretas para mudar seu comportamento em direção aos seus objetivos, mesmo que sejam pequenos passos.

Método Empondera

Ao programar sua mente de maneira positiva, você pode começar a alcançar seus objetivos e viver a vida que deseja.

Isso mesmo!

Programar a sua mente de maneira positiva pode ser uma ferramenta poderosa para alcançar seus objetivos e transformar a sua vida.

Ao se concentrar em pensamentos positivos e afirmações, você pode criar uma mentalidade de sucesso e superar qualquer autodúvida ou negatividade que possa estar impedindo o seu progresso.

Com a prática constante, você pode treinar sua mente para se concentrar em soluções, em vez de problemas, e para ver as oportunidades ao invés dos obstáculos.

Método Empondera

Lembre-se de que a sua mente é uma ferramenta poderosa e pode ser usada para criar a vida que você deseja.

De modo geral, a maioria de nós sabe que nosso comportamento é muito menos racional do que imaginamos. Isso porque os nossos pensamentos, emoções e memórias mais profundas estão em um local escondido da nossa mente.

O nosso comportamento é moldado pelas nossas experiências passadas, pelas nossas crenças, pelos nossos valores e pelos nossos desejos inconscientes.

Compreender e trabalhar com esses processos mentais inconscientes pode ajudar-nos a tomar decisões mais conscientes e a alcançar nossos objetivos de uma forma mais eficaz.

Método Empondera

Capítulo 6

Como treinar a sua mente para obter resultados positivos

Assim como um músculo, a mente também pode ser treinada para melhorar suas capacidades e obter resultados positivos.

Existem várias técnicas e práticas que podem ser usadas para fortalecer a mente e promover a positividade, como meditação, visualização, afirmações positivas e gratidão.

Vamos discutir essas técnicas em detalhes e como você pode incorporá-las em sua vida diária.

- Meditação: Já vimos mais sobre esta técnica no Capítulo 04, e o conselho que lhes dou é iniciar aos poucos até tornar essa prática um hábito saúdavel. A meditação é uma técnica poderosa para acalmar a mente e reduzir o estresse. A prática regular da meditação pode ajudá-lo a desenvolver uma maior clareza mental, melhorar sua capacidade de concentração e foco, além de reduzir os níveis de ansiedade. Comece com apenas alguns minutos por dia e vá aumentando o tempo conforme se sentir mais confortável. Encontre um lugar tranquilo e confortável para se sentar ou deitar e se concentre em sua respiração, observando-a enquanto entra e sai do corpo.

Método Empondera

- Visualização: A visualização criativa é uma técnica que pode ajudá-lo a alcançar seus objetivos, imaginar o futuro que deseja e criar um sentimento positivo sobre ele. Ao visualizar a si mesmo em situações positivas e desejadas, você envia uma mensagem positiva para sua mente subconsciente, ajudando a programá-la para trabalhar em direção àquilo que você deseja. Reserve um momento a cada dia para visualizar suas metas e objetivos, imaginando como seria alcançá-los e como você se sentiria.

- Afirmações positivas: As afirmações positivas são frases curtas e positivas que você pode repetir para si mesmo durante o dia. Elas ajudam a programar sua mente subconsciente para pensar de maneira mais positiva e alcançar seus objetivos. Escolha afirmações que ressoem com você e repita-as para si mesmo com frequência.

- Gratidão: A gratidão é uma prática poderosa para mudar a perspectiva e aumentar os sentimentos positivos. Reserve um momento todas as manhãs ou noites para escrever algumas coisas pelas quais você é grato em sua vida. Isso pode ser tão simples quanto um belo dia de sol ou um sorriso de um amigo. Quando você pratica a gratidão regularmente, começa a treinar sua mente para perceber o lado positivo das coisas em vez de se concentrar no negativo.

Lembre-se de que todas essas técnicas requerem prática e consistência para que funcionem.

Experimente uma ou mais dessas técnicas em sua vida diária e veja como elas podem ajudar a treinar sua mente para obter resultados positivos para sua mente, a qualquer tipo de hábitos, tal como ser uma pessoa mais feliz e de bem com a vida.

Método Empondera

Capítulo 7

Uma lição importante

Cuidado com tudo aquilo que você diz, principalmente quando está se referindo a si mesmo, fica internalizado na sua mente.

Se a sua vida toda você repetiu para si mesmo "eu sou gorda(o) e não consigo emagrecer de jeito nenhum" será muito difícil mudar esse pensamento, pois você disse isso tantas vezes para si mesmo e para terceiros que sua mente "gravou" o fato de tal maneira que agora você acredita que está fadado a ser assim e que jamais conseguirá mudar.

A boa notícia é que a culpa não é toda sua!

Às vezes, pode até não ter sido você que colocou isso na sua cabeça.

Talvez você tenha escutado isso de colegas, familiares, estranhos ou pessoas das quais você não gosta.

Talvez você não se achasse gordo ou gorda, mas disseram que você era, então você passou a acreditar nisso. E você, sem pensar duas vezes, se deixou levar e acabou acreditando.

Pronto para mudar?

Que tal fazer o caminho contrário?

Que tal repetir coisas positivas sobre você?

Lembre-se: não basta dizer da boca para fora. Você deve acreditar, visualizar e mentalizar aquilo que está dizendo. E jamais deixe que outras pessoas decidam o que você é e o que você não é.

Método Empondera

Assuma o controle da sua vida. Afinal, ninguém te conhece melhor do que você. A chave para assumir o controle da sua vida é compreender e aceitar quem você é, com todas as suas forças e fraquezas.

Ao fazer isso, você pode começar a tomar decisões mais conscientes e alinhadas com seus valores e objetivos pessoais.
Assumir o controle da sua vida também significa ser responsável por suas ações e escolhas.

É fácil culpar os outros ou as circunstâncias por nossos problemas, mas, em última análise, somos responsáveis pelo que fazemos e pelas escolhas que tomamos. Aceitar essa responsabilidade pode ser assustador, mas também é libertador, porque significa que temos o poder de mudar nossas vidas para melhor.

Método Empondera

É importante lembrar que assumir o controle da sua vida não significa que você deve fazer tudo sozinho. Buscar ajuda e orientação de amigos, familiares, mentores ou profissionais qualificados pode ser uma parte importante do processo de crescimento pessoal.

Mas, em última análise, cabe a você tomar as decisões que guiam sua vida e determinam seu futuro. Isso é uma verdade importante. Ninguém conhece melhor do que você seus próprios pensamentos, emoções e desejos.

Recomeçar

Depois de dedicar um tempo para aprender sobre si mesmo, você pode encontrar algumas roupas sujas e cicatrizes escondidas que provavelmente preferiria manter escondidas. Infelizmente, você foi vestindo essas cicatrizes todos os dias na maneira como você interage com as pessoas ao seu redor.

Essas cicatrizes podem ter deixado você muito mole para expressar como se sente ou muito frio para se importar com os sentimentos dos outros.

Agora que você pode se ver claramente, torne-se a melhor versão de si mesmo. Ame-se. E acima de tudo, seja verdadeiro consigo mesmo. Conhecer seus limites é outra habilidade importante a ser dominada para navegar com sucesso por este mundo louco. Isso será discutido no próximo capítulo.

Capítulo 8

Conheça Seus Limites

"Um grande homem está sempre disposto a ser pequeno."

Um aspecto fundamental dos resultados de um teste de tipo de personalidade é a seção que descreve seus pontos fortes e fracos. Muitos dos erros que cometemos e problemas que encontramos poderiam ter sido totalmente evitados se tivéssemos um pouco mais de conhecimento sobre nossas limitações.

Pense em um levantador de peso ansioso que tenta levantar muito peso, muito cedo e sem todo o treinamento necessário para este desafio.

O que você acha que acontecerá?

Método Empondera

Qualquer indivíduo racional perceberá que o levantador de peso vai se machucar. Alguns argumentaram que essa ilustração está nos encorajando a nos limitar e, se o fizermos e pararmos de nos esforçar, nunca conheceremos nosso verdadeiro potencial.

Não há limite para o que você pode alcançar se você se dedicar a isso e, às vezes, você nunca saberá o quão forte você é até tentar. Você precisa, no entanto, garantir que a razão e a lógica prevaleçam ao alcançar seus objetivos.

Método Empondera

Se você nunca levantou 100 quilos, talvez começar com 20 quilos hoje seja uma ideia melhor. Não há nada de errado em pensar grande, mas gostaria de encorajá-lo a começar pequeno e progredir. Em essência, estou encorajando você a ser modesto em suas expectativas.

A modéstia não apenas o ajudará a evitar estabelecer expectativas irrealistas, mas também a definir prazos realistas para atingir seus objetivos. Muitas pessoas ficam frustradas quando atingem uma certa idade e não atingem um determinado objetivo.

Mas considere o contraste entre Mark Zuckerberg e o coronel Sanders. Mark Zuckerberg fundou seu império no Facebook aos vinte e poucos anos, mas o coronel Sanders só se tornou o fundador do Frango Frito do KentuckyKentucky (KFC) até os oitenta anos.

Método Empondera

Ambos os homens são considerados altamente bem-sucedidos, mas cada um alcançou o sucesso em momentos diferentes.
Talvez não seja a sua hora ou talvez você não esteja no setor certo.

Conforme destacado no capítulo 1, manter o equlibrio entre o corpo e a mente, fazendo aquilo que você ama ajudará você a se manter motivado e a ter sucesso. Essa teoria é demonstrada na vida desses dois homens.

Seu sucesso foi resultado de uma paixão por algo que eles amavam.

Uma abordagem modesta da vida também o ajudará a evitar comparar suas realizações com as de outras pessoas. Algumas pessoas acertam a bola para fora do campo na primeira tentativa, e há outras que precisam trabalhar para subir na escada.

Método Empondera

Alguns vão se casar logo após a faculdade, outros terão que esperar alguns anos e beijar alguns sapos antes de encontrar a pessoa certa.

Na verdade, tanto Mark Zuckerberg quanto o coronel Sanders enfrentaram muitos contratempos no caminho para o sucesso.

Você também. Não espere que sua vida seja diferente. Não importa o que você espera alcançar, você terá que trabalhar mais do que nunca antes e talvez tenha que esperar mais do que esperava.

A bela qualidade da modéstia vai muito além do sucesso. Esta é uma qualidade que o ajudará a parar de morder mais do que pode mastigar.

Você não precisa dizer sim para todos. Isso se aplica tanto à sua vida pessoal quanto no trabalho.

Não concorde com prazos irracionais porque deseja impressionar seu chefe, a menos que tenha 100% de certeza de que será capaz de concluir a tarefa.

Se você recebeu uma tarefa e não tem certeza de como realizá-la, não tenha medo de pedir ajuda.

Se você trabalha em período integral e tem uma família para cuidar, não se comprometa demais com a escola de seu filho por exemplo.

Conheça seus limites! Isso se aplica ao seu tempo, energia, emoções e habilidades.

A modéstia anda de mãos dadas com a honestidade, o próximo capítulo explicará que você também pode se curar e melhorar sua vida por meio dessa qualidade.

Capítulo 9

Seja honesto

"Honestidade é a maneira mais rápida de evitar que um erro se transforme em um fracasso. "
James Altucher

A única coisa pior que um mentiroso é um ladrão. Os mentirosos tornam a vida difícil e muitas vezes não percebem os efeitos de longo alcance de suas ações. Mentir nos torna pessoas infelizes, que constantemente precisam cobrir nossos rastros e vigiar nossas costas.

Mentir apenas o colocará mais perto da porta que leva à trapaça e ao roubo. Saia enquanto você está à frente. Pense nos possíveis resultados de um único ato de desonestidade:

- Dano permanente à sua reputação
- Dano permanente aos seus relacionamentos
- Perda de renda
- Perda de respeito próprio
- Prejudicar permanentemente a reputação de outro Individual
- Sentimento de culpa
- Perda de sono
- Perda de confiança

Se você pesquisar a palavra honestidade, encontrará sinônimos como honra, sinceridade, justiça, integridade, retidão, virtude e veracidade.

Ser honesto exige mais do que não mentir em uma situação difícil.

Método Empondera

Ser honesto requer ser moralmente correto em todas as coisas. Em outras palavras, procuraremos ser verdadeiros em todas as coisas e ganhar a confiança das pessoas ao nosso redor, por meio de nossas ações.

Mas a honestidade é uma coisa muito complicada. É difícil listar todas as áreas em que precisamos ser honestos.

Uma boa regra prática, se você não tiver certeza se um ato é honesto ou não, é se você deve escondê-lo ou enganar alguém fazendo-o acreditar que você fez o contrário.

Se você precisar esconder ou cobrir seus rastros depois de fazer ou dizer algo, provavelmente não está sendo honesto.

Os benefícios de ser honesto superam em muito quaisquer desafios que você possa perceber como resultado deste curso.

Método Empondera

Pense na tranquilidade de não ter que repensar cada movimento seu ou vigiando por cima do ombro porque você está constantemente com medo de ser descoberto.

Imagine acordar e não sentir o peso da culpa como resultado de suas ações.

E não se iluda pensando que ninguém se beneficia com sua honestidade. É muito fácil se sentir atraído e respeitar alguém que é honesto.

A maioria dos empregadores considera essa qualidade como sendo de extrema importância ao procurar novos recrutas ou ao considerar uma possível promoção de alguém dentro de sua organização.

Ser honesto não significa que devemos oferecer todos os nossos assuntos confidenciais a todos que estão tentando se intrometer em nossos negócios.

Em vez disso, não devemos reter informações relevantes de indivíduos que merecem uma resposta verdadeira.

Ser honesto também significa evitar os vários meios que surgirão para obter mais do que merecemos ou levar alguém a acreditar em algo sobre nós mesmos que não é verdade. Há, no entanto, momentos em que alguns de nós podem se encontrar em situações muito catastróficas porque são considerados muito honesto.

Este é frequentemente o caso quando nossas palavras não são temperadas com bondade. O próximo capítulo explora como esse atributo pode nos ajudar a evitar muitos dos problemas que podem resultar desse tipo de discurso.

A honestidade é considerada um valor importante para as pessoas. Ela é muito fácil de praticar e vai lhe fazer feliz.

Capítulo 10

Seja gentil

"A bondade é a linguagem que os surdos podem ouvir e os cegos podem ver." Mark Twain

Ser gentil significa ser caloroso, atencioso, gentil e amigável. Para conseguir um amigo, você deve ser um amigo.

Ainda mais clichê é o ditado, pássaros da mesma pena, voam juntos. Se você deseja atrair pessoas felizes e solidárias para sua vida, precisa ser esse tipo de pessoa.

Método Empondera

Por que alguém iria querer estar perto de você de outra forma?

Quando somos rudes, tornamos a vida das pessoas ao nosso redor muito mais difícil do que deveria ser, quem está próximo de alguém assim certamente se sentem mal-amados, subestimados e isolados quando somos mesquinhos ou desagradáveis.

Você gostaria que alguém te tratasse assim?

Você gostaria de um tratamento tão severo?

Você não acha que tratar as pessoas dessa maneira no trabalho, na escola ou em sua própria casa torna sua vida muito mais difícil do que deveria?

A bondade fomenta o espírito de cooperação, mesmo entre pessoas que não se conhecem realmente, é uma fonte inesgotável de paz e amor.

Método Empondera

Cercar-se de pessoas dispostas a trabalhar ao seu lado é muito mais fácil do que tentar conquistar este mundo sozinho.

Ser cruel envolve uma ampla variedade de ações. Nossas palavras são a forma mais comum de indelicadeza. Sendo duro, condescendente ou mesmo abrupto, pode ser interpretado como indelicado.

Usar suas palavras para rebaixar os outros e se elevar não é apenas cruel, mas também um ato muito egoísta, que muitas vezes causa mais mal do que bem. Um aspecto fundamental da gentileza é ser educado. Vamos dedicar algum tempo para aprender mais sobre essa bela qualidade.

Embora seja verdade que ser educado está se tornando cada vez mais difícil devido às atitudes negativas das pessoas ao nosso redor, isso não é impossível.

Método Empondera

Por que ser educado?

Ser educado não é tão difícil quanto algumas pessoas fazem parecer. Ser educado pode inflar o ego desses indivíduos, mas ser educado não é uma reflexão sobre eles.

O fato de sermos educados reflete positivamente em nosso caráter, aconteça o que acontecer.

Indivíduos educados costumam ser considerados gentis, íntegros, profissionais e agradáveis. E com este mundo muito interconectado em que vivemos, você nunca sabe quem pode ter insultado.

Imagine como você ficará envergonhado se aparecer para uma entrevista de emprego, apenas para perceber que o homem que você acabou de xingar no estacionamento porque acha que ele estacionou na 'sua' vaga é na verdade o entrevistador.

Método Empondera

Ser educado envolve ser respeitoso e atencioso com as necessidades, sentimentos, tempo, recursos, valores e normas culturais dos outros. Ser educado e gentil o tornará muito simpático e incentivará os outros a retribuir sua consideração. Outro benefício de ser educado é que será muito fácil conquistar o respeito das pessoas ao seu redor.

Mesmo que não mudem de comportamento instantaneamente, serão forçados a respeitar você e seus padrões. Eventualmente, eles podem mudar para melhor como resultado de seus esforços.

A vida não seria muito mais fácil se todos tivéssemos empregos nos quais nossos funcionários, subordinados e colegas nos tratassem com respeito.

O respeito deve ser conquistado e ser educado é uma das maneiras mais fáceis de conquistá-lo.

Como ser educado e gentil

- Se você não tem nada de bom para dizer, não diga, poste nas redes sociais ou até mesmo pense nisso. Mesmo as palavras que são sussurradas para um amigo são conhecidas por virar e morder você.

- Não seja mesquinho com cumprimentos e saudações. Se você entrar em uma sala, cumprimente agradavelmente todos os presentes. Quando você está saindo, por favor, desculpe-se. E se você for cumprimentado, responda calorosamente e com um sorriso.

- Não critique os esforços dos outros, especialmente quando for óbvio que eles se esforçaram muito para realizar uma determinada tarefa. Se você deve oferecer alguma crítica construtiva, coloque-a com algum elogio genuíno.

- Aprecie os esforços dos outros. Mesmo que o que é exibido não seja do seu agrado, não há necessidade de torná-lo conhecido.

- Tente aprender um pouco sobre as normas culturais e crenças das pessoas ao seu redor. Você não precisa compartilhar suas opiniões, você simplesmente precisa saber o suficiente para não os ofender involuntariamente.

- Também é muito educado permitir que eles expressem livremente seus pontos de vista, sem medo de serem desrespeitados. Você sempre pode concordar em discordar.

- Você nem sempre precisa insistir para que as coisas sejam feitas do seu jeito. Dê a outra pessoa a chance de brilhar de vez em quando.

Método Empondera

- Não monopolize as conversas falando apenas sobre você e suas realizações. Mostrar interesse pessoal em outros, perguntando sobre si mesmos e realmente ouvindo o que eles têm a dizer.

- Quando alguém estiver falando com você, dê toda a sua atenção. Pare de andar, digitar ou qualquer outra coisa que esteja fazendo e faça contato visual.

- Se você estiver ocupado, faça uma pausa educada, avalie a duração das conversas, assegure-lhes que você valoriza o que eles têm a dizer e depois marque um horário mais adequado para continuar.

Método Empondera

Capítulo 11

Perdoe

"O fraco pode nunca perdoar. O perdão é o atributo dos fortes." – Gandhi

Não é fácil perdoar. A própria existência da necessidade de usar a palavra implica que fomos feridos de alguma forma. Pois dar uma reclamação, seja real ou imaginária, será um dos melhores presentes que você pode se dar.

Isso é verdade, quer você acredite que o indivíduo merece tal gentileza ou não, quando nos recusamos a perdoar, ficamos ressentidos.

Guardar ressentimento é como beber veneno e esperar que o indivíduo que nos prejudicou sofra. Também pode ser comparado a infligir feridas em nossos próprios corpos e esperar que outra pessoa sinta a dor.

Essa lógica não é apenas repleta de falhas, mas também bastante perigosa.

O ressentimento pode facilmente se tornar ódio e o ódio é uma coisa muito feia.

Mas por que achamos tão difícil perdoar?

Perdoar alguém que nos feriu será tão benéfico, por que a própria ideia de deixar a dor de lado nos faz sentir tão mal?

O verdadeiro problema reside no fato de que nenhum de nós quer continuar revivendo o horror de qualquer mal que nos foi feito. Mas enquanto continuamos a pensar em quão gravemente fomos feridos, inconscientemente começamos a pensar em fazer o indivíduo pagar pelo que fez

Nosso senso de justiça falho muitas vezes nos leva a acreditar que, se seguramos toda a dor que foi causada e se recusa a deixá-la ir, estaremos recebendo a justiça que merecemos.

Isso é especialmente verdade quando o indivíduo não parece estar arrependido do que fez. Infelizmente, não podemos forçar o indivíduo a se tornar uma pessoa melhor, negando ressentimento nossa amizade e gentileza. Estamos apenas nos machucando quando forçamos nossas mentes a reviver a dor repetidamente de novo.

Enquanto atravessamos a vida furiosamente com o peso do ressentimento em nossos corações, nosso semblante, nossa fala e nosso humor serão afetados adversamente.

Apesar do fato de que podemos ter sido prejudicados por um ou talvez alguns indivíduos, todos ao nosso redor começarão a ser afetados.

O ressentimento muitas vezes nos deixa irritados, deprimidos e geralmente muito desagradáveis. E para piorar, muitas vezes são as pessoas que amamos, e não as pessoas que nos prejudicaram, que acabam sofrendo com o que aconteceu.

O peso do ressentimento também é conhecido por afetar nossa memória, produtividade no trabalho, capacidade de realizar tarefas rotineiras, capacidade de concentração e até mesmo nosso desejo sexual.

Ser amargo e recusar-se a perdoar também tem sido associado a sistemas imunológicos enfraquecidos, problemas de saúde cardíaca e até pressão alta. Como você pode ver, recusar-se a perdoar nunca provará benéfico.

Mas o que exatamente é o perdão?

É simplesmente esquecer o que aconteceu?

O perdão significa que simplesmente fingimos que nada aconteceu?

Não é assim tão simples. Quando perdoamos, devemos envolver mais do que nossas palavras. Devemos mudar a forma como pensamos e sentimos sobre o indivíduo.

É como se estivéssemos permitindo que eles começassem do zero novamente. Você se recusa a permitir que a situação faça com que você ou as partes envolvidas o machuque por mais tempo.

Isso requer um alto nível de inteligência emocional, autocontrole e amor, afinal perdão é não apenas "deixá-los fora de perigo" pelo que fizeram, é permitir que os envolvidos parem de viver no passado e passem para coisas mais importantes.

"Perdão significa que você se enche de amor e irradia esse amor para fora. Você precisa se recusar a se apegar ao veneno ou ódio que foi gerado pelos comportamentos que causaram essas feridas."

Ficar tão enfurecido como resultado das ações de outra pessoa e se permitir ficar chateado com o que aconteceu por um longo período de tempo é realmente dar ao indivíduo as chaves para sua felicidade.

É como se você estivesse permitindo que aquele indivíduo o controlasse, e ele continuará a controlá-lo até que você reúna a coragem necessária para perdoá-lo.

O perdão também é benéfico porque muitas vezes resulta quando nos tornamos conscientes de nossas próprias falhas. Fica mais fácil para nós perdoar quando nos lembramos que também nós tivemos que pedir perdão muitas vezes.

Ao contrário do que podemos acreditar, não somos perfeitos. Às vezes magoamos as pessoas ao nosso redor, mesmo aquelas que amamos, sem nem perceber.

Quando nos recusamos a guardar ressentimento e praticamos o perdão, será fácil para aqueles ao nosso redor nos perdoar quando erramos.

Perdoar, diferentemente do que pode parecer à primeira vista, não é esquecer. O perdão faz parte de um processo que, muitas vezes, é doloroso, mas extremamente necessário para a nossa libertação.

Aqui estão algumas razões pelas quais é benéfico praticar o perdão:

- Você será muito mais feliz e muito melhor humor
- Você vai dormir melhor em noite
- Você não prejudicará seu trabalho por não ser produtivo
- Você não prejudicará seu relacionamento com seu outro significativo ou sua família
- Você aprenderá maior autocontrole e autoconsciência
- Você vai desfrutar de maior paz
- Você ganhará o respeito daqueles ao seu redor você
- Você não sentirá mais a dor do dano que foi feito
- Você experimentará menos ansiedade
- Sua autoestima aumentará à medida que você observar sua própria força.

O que o perdão não é!

Perdoar não significa que você tem que ser um empurrão e se permitir ser ferido repetidamente. Embora você deixe de lado qualquer rancor que possa ter contra a parte ou partes que o prejudicaram, certamente não precisa se colocar em uma posição para ser ferido dessa forma novamente.

É perfeitamente aceitável ser um pouco mais cauteloso agora que você viu do que essas pessoas são capazes. Mas, por favor, tenha muito cuidado.

No caso de infrações menores, que são aquelas que não foram propositalmente maliciosas, não cometa o erro de supor que o ato representa quem a pessoa é.

Lembre-se de que todos nós cometemos erros e também causamos erros a alguém .

O perdão também não é uma oportunidade de vingança. Declarar que você perdoou alguém não é uma proclamação de que agora você tem a "vantagem".

As pessoas envolvidas podem ter sido culpadas, mas certamente não lhe devem nada. Mesmo que eles não se desculpem, você ainda ganha muito ao estender esta oferta de paz e deixar de lado a amargura que uma vez te consumiu.

Lembre-se de que, ao perdoar, você está fazendo um favor a si mesmo. Embora eles possam se beneficiar como resultado de sua decisão, perdoá-los é, na verdade, um presente para você.

Todos nós já sabemos que perdoar alguém que te machuca não é fácil, eu nunca exigiria que você o fizesse instantaneamente ou de uma só vez.

Como Perdoar

Você tem a opção de perdoar em etapas. Abandonar gradualmente o seu ressentimento em relação aos indivíduos que o prejudicaram garantirá que você tenha tempo suficiente para erradicar qualquer traço de amargura que tenha em relação a eles, fora de sua mente e coração.

Se você tiver a oportunidade de ver essa pessoa com frequência, pode começar simplesmente dizendo olá.

Isso pode ser uma surpresa para eles, porque eles não esperavam um gesto tão gentil, e isso pode abrir caminho para a discussão que vocês dois precisam para encerrar. Às vezes, mesmo que você tenha sido injustiçado, é melhor tomar a iniciativa de esclarecer as coisas. Lembre-se sempre de como esse ato humilde vai beneficiá-lo a longo prazo, quer eles apreciem o gesto ou não.

Outro exercício simples que nos ajudará a perdoar é escrever o nome da pessoa ou pessoas que o magoaram e listar tudo o que já fizeram para aborrecê-lo.

Depois de completar essa lista, escreva uma lista de todas as ocasiões em que você machucou alguém, e teve que pedir perdão. Isso não é algo em que estamos inclinados a pensar.

Ver em preto e branco quantas vezes deixamos nossos maus hábitos machucar aqueles ao nosso redor, especialmente aqueles que amamos, pode ser apenas o empurrão que precisamos para deixar de lado qualquer ressentimento que nós podemos ter.

O que é ainda mais alarmante para alguns indivíduos é quando eles veem os nomes das pessoas de quem se ressentem na lista de pessoas a quem tiveram que pedir perdão.

Outro exercício útil seria fazer uma lista de todas as coisas boas que essa pessoa fez por você.

Este exercício ajudará você a lembrar que, apesar de suas falhas, esse indivíduo ou esses indivíduos também possuem muitas qualidades bonitas.

No caso daqueles mais próximos de nós, essas qualidades são a razão pela qual os amamos e os mantemos próximos em primeiro lugar.

Pense bem, estender o ramo de oliveira da paz pode até ajudar essa pessoa a ver a falha em seu pensamento e mudar para melhor.

Você teria feito do mundo um lugar melhor ajudando apenas um Individual para se tornar uma pessoa melhor. Tal gentileza não passa despercebida, ou sem recompensa.

É preciso uma pessoa muito forte para perdoar. Mas pense em como nossas vidas seriam muito melhores se não andássemos por aí com a amargura do ressentimento a cada dia.

Então, perdoar é fundamental para ter maior equilíbrio e se sentir bem. É algo que refaz a autoestima e cria até uma cumplicidade interna, em que você saberá reconhecer os próprios limites antes mesmo de outra pessoa.

Deixar de lado esse fardo pesado é uma das melhores maneiras de nos curarmos. Este mundo já foi uma catástrofe e certamente não precisa de mais ressentimento para torná-lo pior.

O próximo capítulo explicará como ser gentil também pode nos ajudar a nos tornar pessoas muito mais felizes e bem-sucedidas neste mundo, simplesmente sendo tipo.

Capítulo 12

Seja Generoso

"Se você não pode alimentar cem pessoas, alimente apenas uma."

Madre Teresa

Uma pessoa generosa não é obrigada a doar todos os seus bens. Uma pessoa generosa também não é obrigada a permitir que outros a pressionem.

Ser generoso envolve, em primeiro lugar, a prontidão para dar ou estar disposto a dar mais do que é necessário.

Ser generoso leva a bondade para o próximo nível. Você pode ser gentil de coração e muitas vezes pensa em ajudar os outros, mas a menos que você realmente reserve um tempo para realmente dar o pontapé inicial em oferecer seu tempo, energia ou outros recursos para o benefício de outro indivíduo, você não domina verdadeiramente arte de ser generoso.

A generosidade nos leva a nos doar voluntariamente e não esperar nada em troca.

Sei que você deve estar se perguntando como doar seus bens pode ajudá-lo a viver uma vida melhor. A verdade é que muitas vezes consideram a generosidade uma das chaves para ser verdadeiramente feliz neste mundo miserável. Na verdade, muitos médicos atestaram o fato de que ser generoso também é muito bom para a saúde.

Aqui estão alguns dos benefícios comprovados de doar generosamente:

- Diminui a probabilidade de sofrer de depressão
- Maior senso de propósito
- Grande felicidade
- Famílias e casamentos mais fortes
- Estresse reduzido
- Risco reduzido de demência
- Grande apreço por tudo o que você ter
- Ficar propensos a se beneficiar da generosidade de outros.

Generosidade é uma virtude daquele que se dispõe a sacrificar os próprios interesses em benefício de outrem; magnanimidade.Uma pessoa generosa geralmente procura oportunidades para fazer o bem aos outros. Ajudar uma senhora idosa com suas sacolas de compras, ou parar para permitir que uma criança atravesse a rua, pode ser considerado generosidade.

Esse tipo de preocupação com os outros prova ser benéfico porque nos força a focar nas necessidades dos outros em vez de nos nossos próprios problemas.

Qualquer coisa que minimize o efeito de nossos problemas, seja em nossos relacionamentos ou mesmo financeiramente, terá um efeito direto em nossa saúde, quando se é sendo generoso.

Gostaria, no entanto, de encorajá-lo a ser cauteloso ao se esforçar para ser mais generoso. Tenha muito cuidado com a maneira como você demonstra sua generosidade.

Por favor, seja especialmente cuidadoso ao ser generoso com membros do sexo oposto. Se você já foi contratado e não quer passar a impressão errada, evite presentes ou favores de natureza pessoal. Um presente pessoal é qualquer coisa relacionada ao corpo de alguém.

O perfume, por exemplo, seria considerado o presente pessoal.

Lembre-se também de que sua própria segurança pode entrar em jogo ao ser generoso. Muitas pessoas foram assaltadas quando solicitadas por um aparentemente sem-teto para dar algum dinheiro.

Uma opção mais segura seria avisar a pessoa que você retornará com um presente.Eu sugiro fortemente que você vá para um local seguro, longe de olhares indiscretos, e embale tudo o que gostaria de doar para esse indivíduo com antecedência. Minha palavra final de cautela é que você precisa sentir a pessoa antes de ser muito generoso.

Algumas pessoas gostam de espontaneidade e outras preferem que você pergunte primeiro se elas precisam de sua ajuda. Mesmo o melhor de suas intenções pode colocá-lo em situações embaraçosas.

Discutimos longamente como melhorar vários aspectos de sua própria personalidade pode ajudá-lo a se curar e evitar muito da bagagem emocional que acompanha a negatividade neste mundo.

O final deste livro contém a chave mais importante para curar todas as cicatrizes causadas por este mundo desagradável. Por favor, continue lendo para saber mais sobre o que é isso.

Capítulo 13

Seja Você Mesmo

"O maior presente que você pode dar a alguém é a sua honestidade. "

Viviane Verlindo

Todos nós precisamos aprender a ser nós mesmos novamente. Este é um dos aspectos mais cruciais para navegar com sucesso por esta catástrofe que chamamos de vida.

Já foi discutido que nos curamos nós mesmos da dor causada por este mundo, e isso exige que trabalhemos duro para nos livrarmos de nossos traços negativos.

Traços como ser arrogante, rude, desonesto e mesquinho não têm lugar em sua vida. Quando orgulhosamente andamos por aí com esses hábitos feios, estamos convidando todo tipo de negatividade para nossas vidas.

O resultado disso é apenas mais dor e decepção. É por isso que o encorajei no primeiro capítulo a se conhecer.
Isso o equipará melhor para se curar, aprendendo mais sobre suas falhas.

Então, o que exatamente significa ser você mesmo?

Requer que você se distancie de todos os rótulos que o mundo ao nosso redor nos impôs.

Esses rótulos feios surgem por causa do jeito que nós vemos e enxergamos nossa aparência, a maneira como nos vestimos ou até mesmo a comunidade em que crescemos.

Não há razão para permitirmos que o mundo ao nosso redor nos esprema em um molde que realmente não representa quem somos.

Pense em como seria libertador não ter que fingir ser algo que você não é.

Isso tudo dentro do razoável, é claro.

Nunca desejaríamos tomar certas liberdades que podem ter efeitos de longo alcance em nossa vida pessoal e podem até comprometer nossos empregos. Isso significa que você pode querer adiar qualquer coisa drástica, como pintar o cabelo de roxo e verde, até encontrar um empregador que esteja disposto a acomodar essa escolha

Aqui estão algumas razões importantes pelas quais você precisa começar a ser fiel a si mesmo:

- Você nunca vai conseguir agradar a todos. Se você constantemente permitir que as pessoas ao seu redor determinem quem você é, você terá que mudar constantemente o que você representa para tentar fazer todos felizes. O único problema com isso é que você estará lidando com tantas demandas conflitantes que acabará decepcionando alguém. Adicionalmente, colocando ficar sob esse tipo de pressão o deixará insatisfeito no final.
- A sociedade ao nosso redor realmente não sabe o que quer. A mídia retrata tanto a dona de casa mansa quanto a empreendedora feroz, como a mulher ideal. A sociedade também exige que os homens sejam sensíveis às necessidades do sexo oposto, ou as ignore.

- O que você será se estiver simplesmente permitindo que aqueles ao seu redor determinem quem você é? O que quer que você decida ser, lembre-se de que é muito cansativo fazer esse tipo de show todos os dias.

- Você acabará tomando decisões que mudarão sua vida com base nos caprichos das pessoas ao seu redor, que não sofrerão as consequências dessas escolhas. Se você decidir ter um filho, simplesmente porque sua família acha que está na hora, será você quem terá que cuidar dessa criança! Se você decidir seguir uma carreira porque seus colegas acham que você se sairia bem nela, você teria que viver com o fardo de uma carreira que você odeia, para sempre.

- A verdade sempre aparece. Mais cedo ou mais tarde, as pessoas vão começar a perceber que você está fingindo.

- Infelizmente, como vimos no caso de muitas celebridades, a verdade geralmente vem à tona em um grande escândalo ou colapso.

- Quando você estiver satisfeito com quem você é, você será verdadeiramente feliz. Como você pode amar a si mesmo, quando está constantemente fingindo ser algo que você não é?

Quando tudo estiver dito e feito, você precisa assumir o controle de sua vida se quiser ver melhorias reais.

Você não pode esperar resultados diferentes se não for ousado o suficiente para fazer mudanças drásticas.

E a hora dessas mudanças é agora!

Existem várias maneiras pelas quais melhorar vários aspectos de sua própria personalidade pode ajudá-lo a se curar e evitar a bagagem emocional que acompanha a negatividade neste mundo.

Aqui estão algumas delas:

- Autoconsciência: Quando você trabalha para melhorar sua autoconsciência, você começa a entender melhor suas próprias emoções e comportamentos. Isso permite que você reconheça padrões de pensamento ou comportamento que podem estar contribuindo para sua bagagem emocional e lhe dá a oportunidade de mudá-los.

- Empatia: Ao desenvolver empatia, você começa a entender e sentir as emoções dos outros. Isso pode ajudá-lo a se conectar com as pessoas de maneira mais significativa e a compreender melhor suas próprias emoções e as emoções dos outros.

- A empatia também pode ajudá-lo a se sentir menos isolado e sozinho, o que pode reduzir a negatividade que você sente.
- Resiliência: Quando você trabalha para desenvolver resiliência, você se torna mais capaz de lidar com a adversidade. Isso significa que você pode se recuperar mais rapidamente das situações negativas e evitar que elas deixem uma marca permanente em sua bagagem emocional.
- Atenção Plena: Isso pode ajudá-lo a evitar a ruminação e a preocupação excessivas com o passado ou futuro, que muitas vezes contribuem para a bagagem emocional.
- Autoestima: Quando você tem uma autoestima saudável, é capaz de lidar com críticas ou rejeições e menos propenso a levar essas coisas para o coração.

Trabalhar para melhorar vários aspectos de sua própria personalidade pode ajudá-lo a se curar e evitar a bagagem emocional que acompanha a negatividade neste mundo.

Cada pessoa é única e pode encontrar diferentes estratégias que funcionam melhor para elas, então é importante experimentar e encontrar o que funciona melhor para você.

O universo tem uma maneira de recompensar o que há de bom em nós e nos ajudar a encontrar o que há de bom nos outros

Conclusão

Espero que você tenha se beneficiado deste livro e que este seja o ponto de partida para que você tome a decisão de mudar a sua vida AGORA.

O progresso pode ser lento no início, mas você nunca se arrependerá da decisão de mudar para melhor. Cada passo, por menor que seja, é um passo à frente e, portanto, pode ser considerado um progresso.

A essa altura, você deve ter percebido que o segredo para nos curar e navegar com sucesso pelos caminhos da vida está em suas mãos.

É importante lembrar que a cura emocional é um processo contínuo e que nem sempre é fácil. No entanto, com a aplicação do método correto, é possível superar suas cicatrizes emocionais e viver uma vida mais feliz.